LE FRANC ET LOYAL ADVIS DV CHEVALIER CATHOLIQVE,

A LA ROYNE.

M. DC. XI.

A LA ROYNE.

MADAME,

Iamais la tourmente ne rend les ondes de la Mer totalement Couroucées, que ce ne soit pour enuelopper le nauire dans icelles, non plus que sur la terre les seditions ne s'emeuuent iamais que pour mettre tout au fil de l'espee : Consideration (MADAME) que vostre Majesté trouuera pour agreable, veu qu'estant sur la terre & comme Cheualier Catholique, rodãt de-ça de-là pour la foy, i'ay descouuert quelque mesche huquenotte qui s'efforce de nous decepuoir par des ruzes dõt vous en auez desia quelque cognoissance. Veritablement si leur entreprises pouuoi.nt reüssir pour l'Estat & la Couronne, ils seroient dignes de participper aux loüanges, dont un esprit diuin faict iournellement conqueste : Mais tant s'en fault soubs vostre respect (MADAME) le dard de leurs conceptions ne semble viser a autre but que de se rendre maistres sans controleur de leur liberté, & mesme s'ils pouuoient vous depos-

A ij

seder du throsne qu'vne raison legitime vous octroye. Ce que moyennant l'ayde de l'Eternel nous n'endurerons iamais quant il yroit de nos biens & de nostre propre vie, esperant que comme vous estes nostre Princesse legitime, vostre Majesté donnera secours a ceux qui iuront ceste faueur d'estre vos fidelles subiects : du Nombre desquels ie crois estre & demeurer a iamais, pour vous rendre vn tres-humble seruice.

DESPONTIERES.

LE FRANC ET LOYAL
ADVIS DV CHEVALIER
Catholique.

Qvoy ? ces fils de Plutõ dans leur goufre de rage,
Vomiront-ils toufiours l'amertume & le fiel
Quoy ? fault-il que la France endure tel orage,
Quelle fouffre de loups heurler contre le Ciel.

Faut-il, faut-il, helas ! que la fainte Efcriture
Se vende par mefpris auec l'iniquité,
Yra-elle fouffrant auec elle l'iniure
Sans que le Catholique en puiffe eftre irrité.

Non, il vaut mieux mourir au creux de nos en-
trailles
Cent mille ferpenteaux, que fouffrir les affront,
Quant on terrafferoit ces infames canailles
Que feroit-ce, finon qu'vn laurier fur le front.

Mon cœur nage en ces flots, & le miel de ma vie
N'eft autre que de veoir ce fatras inhumain
En poudre & aneant : Le defir & l'enuie
Ceft ce qui m'a ce iour mis la plume a la main.

S'en fafche qui voudra de tous les heretiques,
Qu'ils bouffent en dragons allencontre de moy,
Ie n'ay point tant de peur de leurs haynes inicques

Que des vents, qui parfois nous mettent en esmoy.

L'orage impetueux la bourasque venteuse
Qui semble menasser les villes & chasteaux,
Réfroidiroit plustost mon ame Courageuse
Que l'orgueil coleré de ces traistres boureaux.

Ie ne manqueray point dedans ceste Prouince
De secours, de maintien, d'apuy, ny de confort,
Car ie sçay que la foy est au cœur de mon Prince
Qui me garentira du peril de la mort.

Si le sort permettoit qu'vne Circe riarde
De ses trompeurs attraictz me fist siller les yeux,
Et ne combatant point sa finesse cafarde
Possible qu'à iamais ie serois odieux.

Mais quant tous les demons déchesnez de Cocytte
S'imulans estre saints ne viendroyent mignarder
Ie ne quitterois point la verité escripte
Pour suiure des mignons qui se veullent farder.

Cest bien vser de fard se disant Cathalique
De blasmer sans raison de Iesus le troupeau,
Cest se monstrer du tout affronteur heretique
Pour liurer a l'ancan sa carcasse & sa peau.

O gens mal conseillez, ô doctrine faussaire
O Cerberes heurlans a lentour de Tenos   (faire,
Vous pourriez bien trouuer quelque autre chose a

Mais vous ne vous plaisez, qu'au ventre d'vn cahos.

La chiene ayme le chien, la vipere vn vipere,
La dragonne vn dragon, & tous les animaux
Caressent leurs pareils, si bien que la colere
Est le but du fougoux vray tyge de nos maux.

Ces insolens propos, ces beaux mots de tauerne,
Ce brasier demy-vif de la sedition,
N'est pas pour conseruer tout ce qui nous concerne,
Ains pour tout exposer a la perdition.

On sonne le Toxin, on nous donne l'alarme
Pour nous rendre pensifs, & bouillans tout a coup
Mais nous terasserons la force de ce charme
Et si nous ne ferons rien qui ne porte coup.

On laisse la soury quelque fois au fromage
A fin de la priuer de son authorité,
L'oizelet on le prend au son de son ramage
Et le grand caqueteur pour auoir quaquèté.

Quand vn homme prudent recitte quelque chose
Qui conçerne l'estat, (sans hayne & sans couroux)
On doibt bien escouter le narré qui propose
Mais ces petits liurets sont le bransle des fous.

Qui sera donc celuy qui priué de science
Voudra contre la foy croire tant de discours
Ie ne sçay, si ce n'est cil qui ayme la pense

Et qui ne veut auoir qu'au tumulte recours.

Iadis des abusez lon fist vne poiurade
Voulans anticiper sur le Reigne du Roy,
Aussi qui blasmera le bon Pere Varade
Et ses associez, en fin verra de quoy.

Grace a Dieu, nous auõs vn modeste Monarque
Vn Prince que le Ciel fauorise du tout,
Si vos opinions en son cœur il remarque
Sans doubte vous serez punis de bout en bout.

Taisés-vous, taisés-vous aueugles heretiques
Laissez le chat qui dort & ne l'esueillez pas,
Repentés-vous plustost de vos fautes iniques
Que de tant gazoüiller sans mesure & compas.

A quoy sert aussy bien le vent de ce langage
Qui tasche descouller vn Rocher precieux,
Cest vouloir renuerser d'vn impudeut courage
Le grand char de Phœbus & la pante des Cieux.

Vous faictes les vaillans comme gens de ceruelle
Et si vous n'estes rien qu'vn tas de forcenez,
Vous ne le croyez pas, car vostre ame rebelle
Vous empesche de veoir le bout de vostre nez.

Le prouerbe est tres-bon de dire qu'vn ignare
Pense sçauoir beaucoup & ne faict qu'ignorer

Vray-

Vrayment ſi le penſer pouuoit ſeruir de Phare
L'on verroit vn chacun mille vents adorer.

Mais la mort a ſaiſy la panthoiſe poictrine
Du caut maiſtre Gonyn : de ſorte qu'vn lourdaud
Eſt plus fin maintenant que les fils de Cyprine
N'eſtoient le temps paſſé en leurs glaces de chaud.

Poſſible vous croyez que pour voſtre aſnerie,
Y ayant quelque fard , nous laiſſerons charmer
Cela ſeroit fort bon ſi dans la boucherie
Lon ne pouuoit vn beuf de cornes deſ-armer.

Cil qui bat le buiſſon ou giſent les linottes
S'il n'eſt pourueu de rets pour les enuelopper,
Perd ſon temps , ſon labeur , & ſes ruzes trop ſottes
Apres l'ombre le font plus ſouuent galopper.

Meſſieurs de Charantõ voſtre humeur vagabonde
Vous faict mal diſcourir du trouppeau de Ieſus,
Mais on le cherira aux quatre pars du monde
En deſpit du deſdaing qui vous creue d'abus.

Aux Indes , au Perou , au Iappon & en Perſe,
Comme il plante la foy, on le reſpectera,
Si ce prix merité vos entrailles trauerſe,
Changez d'opinion & on vous aymera.

Ne portez plus courans au Moulin de farine

B

Viuez de mesme pain que nous autre viuons
Faictes voftre proffict de noftre Difcipline
Sans efcouter aux Champs trois ou quatre boufons,

Durand ne peult durer n'ayant point de durée,
Le Moulin fe peut rompre en mille & mille parts
Le Mornay n'eft point vif, ny fon ame ferée
Ne peult que cantonner les ftygieux ramparts.

Quel-eft donc voftre efpoir? quelle eft voftre af-
A-elle fondement fur la fragilité?   [feurance;
La iuftice fe pend auec la balance
Pour baiffant le forfaict efleuer l'equité.

Si vous eftiez de ceux qui ayment la Iuftice
Vous n'vferiez point tant de blafmables difcours,
Mais las! vous refemblés a la fotte efcreuice
Qui ne marche iamais en tous lieux qu'à rebours.

Vouloir prendre les vents a la barbe inuifible,
Vouloir mordre en goulus le Ciel a belles dens,
Neft-ce pas efpoufer vne chofe nuifible
Pour confondre en malheur, la courfe de vos ans.

Ouy, ouy, ie le cognois, & vous fecte infernalle
Sur mon loyal aduis fondez-y la raifon,
Ie ne parle iamais en forme de cabale,
Mais ainfi que requiert la bijarre faifon.

Si Ie parle du temps, i'en parle en confcience,

Si de la liberté libres sont mes propos,
Si du Roy, de la Royne en toute reuerence
Car ie fuis le debat, & cherche le repos.

Quant a vous Phaëtons orgueilleux en desordre
Vous n'auez ny respect, ny crainte, ny tremeur,
Vous taschés que chacun se rende de vostre ordre
En quoy vous esmouués contre vous la rumeur.

Cessés, cessés plustost l'inconstante rancune
Que vous portés a tort contre les Innocens
„ Car qui partant de fois va tanter la fortune,
„ Se faict croire de tous dépouillé de tout sens.

Suiuez donc le chemin, donc nous suiuons la trace,
Quittez vostre galop, allez au petit pas,
Et puis vous ioüyrez de la diuine grace
En vous affranchissant d'un penible trespas.

A MESSIEVRS DE LA
Cour de PARLEMENT.

SONNET.

RAmeau de deité, odorante verdure
  Du bauſme precieux de l'empire Gaulois
N'ayant iamais hay les importantes loix
Faictes aneantir le mal qui nous torture.

  Iamais le grand moteur qu guide la nature
N'a rien faict qui ne ſoit, ſinon qu'auec les poix
Vous Meſsieurs du Senat oyans plaindre ma voix
Faictes veoir enquoy ſert le miel de l'eſcripture.

  Vn tas de mutinez contre les ſaints Edits
De nos Rois, vont faiſant cent mille contredits,
Accuſant de peché l'immortelle innocence.

  Vous pouuez les ranger par voz iuſtes Arreſts
Ainſi que l'oiſelet s'attrappe dans les rets,
Ou l'on admirera voſtre grande prudence.

AVX BONS ET CATHO-
LIQVES FRANÇOIS.

ODE.

PEuple ne vous trompés pas
A cest enchanteur repas
Que l'huguenot nous prepare,
Car de nous il se riroit
Et feroit ce qu'il pourroit
Pour estreindre nostre phare.

Nous ne sommes pas poissons
Pour ronger les hameçons
Mais nous sommes Catholiques,
En ce grade on doibt choisir
Ce qui ce faict a loisir
Sans l'adueu des heretiques.

Si vous lisés leurs liurets
N'en croiez pas les effects
Tous farcis de menterie,
Ains tout ainsi que le vent
Qui s'esleue bien souuent
Esleuez la gausserie.

Ils ne pouront rien iamais

Contredire a nostre paix
Bien qu'ils soient fils de la rage,
Mais ils ne font qu'esperer
Que lon aille moderer
L'auillon de leur orage.

Partant fidelles Gaulois
Viuez a l'abry des loix.
Que le Prince nous faict naistre
Et puis en prosperité
Ce troupeau trop irrité
La bas nous enuoirons paistre.

FIN.

9 782019 246419